Zhongguo Wenhua
Zhishi Duben

中国文化知识读本

平遥古城

主编 金开诚

编著 韩秀林

吉林出版集团有限责任公司

吉林文史出版社

图书在版编目（CIP）数据

平遥古城 / 韩秀林编著 .—长春：吉林出版集团
有限责任公司：吉林文史出版社，2009.12（2022.1 重印）
（中国文化知识读本）
ISBN 978-7-5463-1934-6

Ⅰ.①平… Ⅱ.①韩… Ⅲ.①平遥县－概况 Ⅳ.
① K922.54

中国版本图书馆 CIP 数据核字（2009）第 236907 号

平遥古城

PINGYAO GUCHENG

主编/金开诚　编著/韩秀林

责任编辑/曹恒　崔博华　责任校对/刘姝君

装帧设计/曹恒　摄影/金诚　图片整理/董昕瑜

出版发行/吉林文史出版社　吉林出版集团有限责任公司

地址/长春市人民大街4646号　邮编/130021

电话/0431-85618717　传真/0431-85618721

印刷/三河市金兆印刷装订有限公司

版次/2009 年 12 月第 1 版　2022 年 1 月第 4 次印刷

开本/650mm×960mm　1/16

印张/8　字数/30千

书号/ISBN 978-7-5463-1934-6

定价/34.80元

关于《中国文化知识读本》

文化是一种社会现象，是人类物质文明和精神文明有机融合的产物；同时又是一种历史现象，是社会的历史沉积。当今世界，随着经济全球化进程的加快，人们也越来越重视本民族的文化。我们只有加强对本民族文化的继承和创新，才能更好地弘扬民族精神，增强民族凝聚力。历史经验告诉我们，任何一个民族要想屹立于世界民族之林，必须具有自尊、自信、自强的民族意识。文化是维系一个民族生存和发展的强大动力。一个民族的存在依赖文化，文化的解体就是一个民族的消亡。

随着我国综合国力的日益强大，广大民众对重塑民族自尊心和自豪感的愿望日益迫切。作为民族大家庭中的一员，将源远流长、博大精深的中国文化继承并传播给广大群众，特别是青年一代，是我们出版人义不容辞的责任。

《中国文化知识读本》是由吉林出版集团有限责任公司和吉林文史出版社组织国内知名专家学者编写的一套旨在传播中华五千年优秀传统文化，提高全民文化修养的大型知识读本。该书在深入挖掘和整理中华优秀传统文化成果的同时，结合社会发展，注入了时代精神。书中优美生动的文字、简明通俗的语言、图文并茂的形式，把中国文化中的物态文化、制度文化、行为文化、精神文化等知识要点全面展示给读者。点点滴滴的文化知识仿佛繁星，组成了灿烂辉煌的中国文化的天穹。

希望本书能为弘扬中华五千年优秀传统文化、增强各民族团结、构建社会主义和谐社会尽一份绵薄之力，也坚信我们的中华民族一定能够早日实现伟大复兴！

目录

一 古城历史

平遥古城石刻

平遥古城面积 2.25 平方公里，平面布局形似龟状，有"龟前戏水，山水朝阳"之说，俗称"乌龟城"。它以南大街为中轴线，呈对称式布局，左城隍庙，右县衙署；左文庙，右武庙；左清虚观，右集福寺。城内"四大街、八小街、七十二条蚰蜒巷"纵横交错，中轴线上建有一座高达 18.5 米跨街而过矗立于城池中心的市楼，可俯瞰全城，它画龙点睛，把所有的古街巷从空间上联结起来。可谓"纵目可揽山秀于东南，挹清流于西北；仰观烟云之变幻，俯临城市之繁荣"。

现在的平遥古城城墙长 6163 米，高约 12 米，平遥县城的新旧城区分处于古城墙的两侧，城墙以内街道、铺面、市楼是原汁原味的古城，城墙以外是新城。在同一座县城里，每天往返于几百年的时差，享受着两种风格迥异的生活，确是别有一番风味。

平遥古城因其"古"而著称。在远古的新石器时代，这里就有了人类的足迹。"尧舜禹"中排在第一位的尧帝初封于陶，所指的"陶"就是今天的平遥古城，所以，平遥又叫"古陶""平陶"。平遥县境内的中都，在春秋时期是晋国古邑，战国时成为了赵的

平遥古城街道

古城历史

属地。到秦朝，开始设置平陶县，西汉时设置中都县和京陵县。北魏始光元年（公元424年），改平陶为平遥，沿用至今。

平遥是幸运的，到目前为止，古城仍然保留着它原来的建筑格局与风貌特色，城墙、街道、民居、店铺、庙宇等建筑保存完好，其中不乏古建筑中的珍品。它们一起向人们展示着古城悠久的历史和文化底蕴，是研究中国政治、经济、文化、军事、建筑、艺术等方面历史发展的活标本。

平遥古城充分体现了汉民族传统规划思想和建筑风格，是汉民族特色古县城的典型代表，也是现存最完整的明清古县城。

平遥古城是国内保存最为完整的一座古代县城

平遥古城

它集中体现了公元 14 至 19 世纪汉民族的历史文化特色，对研究这一时期的社会形态、经济结构、军事防御、宗教信仰、传统思想、伦理道德和人类居住形式有重要的参考价值。

在历史的滚滚长河中，平遥有着璀璨的过去，它在政治、经济和文化诸多方面都留下了浓墨重彩的篇章，也给平遥留下了丰富多彩的文物古迹。平遥现有各类文物古迹 300 多处，列入各级政府公布保护的重点文物古迹 99 处，其中国家级 3 处：镇国寺（五代一清）、双林寺（明）、平遥城墙（明）；省级 6 处：文庙大成殿（金）、慈相寺（宋、

具有二千多年历史的平遥古城

平遥古城墙

金、明)、清虚观（元—清)、金庄文庙（元—明)、市楼（清)、日升昌票号旧址（清)；县级90处：西沟摩崖造像（东魏、北齐）等。平遥古建筑中，真是"五代宋金元明清，历代实物有例证"。

到清道光三年（公元1823年)，全国第一家票号"日升昌"在平遥古城诞生。它的创立，标志着中国近代性质的新型金融业在中国封建社会后期的商业和金融环境下生成。

（一）"晋商"的发源地之一

"晋商"在中国古代和近代商业中占有重要地位，平遥是其发源地之一。

清道光三年（公元1823年)，中国第一家

现代银行的雏形——"日升昌"票号在平遥诞生。三年后，"日升昌"的分支机构在国内遍地开花。19 世纪 40 年代，它的业务更进一步扩展到日本、新加坡等国家。

在"日升昌"的带动下，平遥的票号发展迅猛，鼎盛时期，平遥一个小小的县城，票号竟达 22 家之多，一度成为中国金融业的中心，操纵和控制了中国的近代金融业，影响力巨大的"晋商"就此形成。

（二）明清时期古代县城的原型

平遥古城有"龟城"之称，它基本保存了明清时期的县城原型。南门为龟头，门外的两眼水井是龟的双眼。北城门为龟尾，是全城最低的地方，城里所有的水都从这里流出城外。东西四座瓮城，两两相对，上西门、下西门、上东门的城门都向南开，就像龟爪向前舒展，只有下东门的外城门向东延展，据说是建城的时候恐怕乌龟爬走，特意将它的左腿拉直，拴在离城二十里的麓台上。这个传说充分体现了汉族人对龟的崇拜，古人希望自己所建的城如同龟神一样，城池金汤永固、世代平安。

传说孔子门下有三千弟子、七十二贤人，出于汉人对儒家的崇拜，城墙上建七十二个观敌楼，墙顶外侧建垛口三千。

平遥古城民居一景

平遥古城

城内街道呈"土"字形，遵从八卦方位，体现了明清时在城市规划和形制分布上的道教信仰。

（三）"日升昌"票号的诞生

以前的"票号"，就是现代的银行。我国的第一家票号——"日升昌"就是在平遥诞生的。

清朝时，有许多在北京开店的山西平遥、介休、祁县等县的生意人。他们在年底给老家捎钱的时候，一般都委托镖局押运，运费很高，而且常遭打劫。于是，北京西裕成颜料庄的掌柜雷履泰和其中部分人商定，将钱

平遥古城建筑

交给北京的西裕成分号，再到平遥的西裕成取银两。

后来，这一方法得到了同乡们的认可，请求拨兑的人越来越多，并同意出一些汇费。雷履泰发现这项生意利润丰厚，就与东家李大全商议，将西裕成改名日升昌，专营汇兑，我国第一家票号就这样诞生了。

清朝末年，山西的票号增加到33家，平遥以22家之多占据大半江山，其中不乏百川通一类较大的票号，其在全国各地的票号发展到400多家，在当时全国的金融市场上起着举足轻重的作用。

二 古城传说

"日升昌" 票号

　　平遥有许许多多的传说，有的讲述晋商的兴起和经营中的趣闻轶事，有的将平遥古迹的来龙去脉娓娓道来。传说的形式不一而足，但每一个传说都透出了平遥人对平遥辉煌历史的骄傲和对传统文化中"真善美"的宣扬。

（一）日升昌票号兴起的传说

　　在清朝乾隆年间，平遥西达蒲村李大全的西裕成颜料庄资财雄厚。

　　一天，李大全和一位算命的朋友在平遥城隍庙赶庙会，偶遇一位风流倜傥的后生。算命先生唤来后生，二人与之交谈，得知后生叫雷履泰，家住细窑村，平日挥霍成性，现想去京城寻求发展。算命先生对李大全说："这后生实是商业奇才，你若能把这后生收为己用，日后定能助你财源广进，生意兴隆。但其外表风流成性，挥金如土，你须以你的财力供他挥霍一年，且须让他按他的本意任意为之，不可有所限制。"李大全寻思："只要他不犯王法，我就养活他一年，倒是要看这后生有何能耐。"过了不久，李大全便派人寻来雷履泰，将其送到了西裕成颜料庄在京城的分号。

雷履泰到达京城后无所事事，每日与富家子弟吃喝玩乐，挥霍无度，竟用二百两银子买了一只百灵鸟送人。大量的挥霍使西裕成颜料庄京城分号入不敷出，分号将情况报告李大全，他便从平遥总号拨银给京城分号。时隔不久，京城分号来人状告雷履泰挥霍之事，李大全命分号不得限制其行为，只了解其行踪，记录在案。

雷履泰将百灵鸟送给的不是别人，正是大清朝当朝太子——爱新觉罗·旻宁，也就是后来的道光皇帝。他正是用这只百灵鸟打开了皇家大门，铺就了之后的成功之路。

一日，雷履泰进宫，见旻宁太子愁眉不

"日升昌"信房牌

展,便问其因。旻宁太子说:"由于年成不好,全国响马四起。救灾银两和粮草经常被抢,国库空虚。父皇为此龙颜大怒,作为当朝太子,当然心情不好。"雷履泰听后说:"如太子能让我面见皇上,在下必有妙法防止银两和粮草运送时被盗抢。"旻宁太子听后,忙带雷履泰面见嘉庆皇帝。雷履泰把开创"既不需要劳师动众,又能防止现银被盗抢的汇票"想法面奏了嘉庆帝。嘉庆帝听后非常高兴,但毕竟有违先祖之例,就下口谕命西裕成颜料庄向民间筹备银两放贷获利,以填补国库空虚。

有了政府的默许和支持,加上雷履泰

"日升昌"票号一景

平遥古城

的苦心经营，西裕成颜料庄仅年末上缴皇宫的税银，用骡马驮着便排满了京城十里长街。清道光三年(公元1823年)，西裕成颜料庄改名"日升昌"，专营票号,总号设于山西平遥西大街,财东李大全,掌柜雷履泰。

就这样，中国金融史上第一家票号诞生了。

（二）雷履泰夜梦"日升昌"

"日升昌"，意为生意兴隆，如日初升，繁荣昌盛，不仅叫起来朗朗上口，而且意趣十足，令人称赞不已。关于"日升昌"这三个字的来源，有着一段美丽而又神奇的传说。

一天傍晚，雷履泰吃过晚饭，在院内散步后

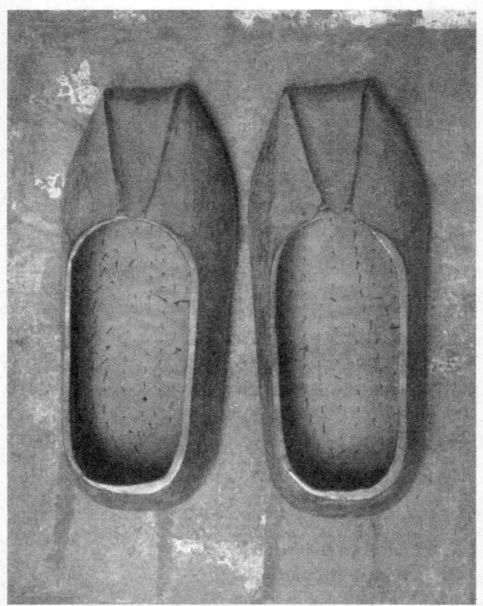

"日升昌"票号保存的入号考核时必穿的铁鞋

回房休息。他躺在床上反复思索票号的名称，"广聚源""兴隆盛"等名号，虽有财源广进之意，但似乎总缺少了一种活力和气派，想着想着就睡着了。睡梦中，他忽见铺子斜对门的木器厂内燃起了冲天大火，一时间，街坊邻居们的"救火"之声不绝于耳。雷履泰也急忙起身赶往木器厂，可以前的木器厂却变成了一座金碧辉煌的大院，推门进去，里面更是黄金满屋，珠光四溢。正当雷履泰目瞪口呆之际，忽见东方朝霞中一轮红日冉冉升起，与那宅院相映成趣，更显璀璨，如二日并照一般。

这时，轰鸣声中，似南天门开启，天界众仙飘然而至，向西而去，众仙招手，邀他

"日升昌"票号文物

古城传说

同去，雷履泰顿觉自己身轻如无物，与众仙同登仙界。当他回首时，却见妻儿正向他招手。雷履泰欲带妻儿同往，不料，一位黑脸天仙跨步上前挡住去路，声色俱厉。

雷履泰惊醒，翻身跃起，竟是梦境。他看了看时辰，已至五更，躺在床上，睡意全无，回想梦中情景，分明是一个事业飞黄腾达的吉兆。二日并升光照大地，一个崭新的票号名称闪现出来——"日升昌"。雷履泰再也按捺不住内心的激动，遂起身开门，来到院中，东方红日升起，竟与梦中情形无二。

山西平遥"德昌源"内景

平遥古城

为了应验梦中所见，雷履泰说服李大全买下"西裕成"斜对面的木器铺，根据票号所需设计修筑这座万古流芳的日升昌票号。道光三年（公元1823年），"日升昌"择吉日开张，并如其寓意一般，生意兴隆，如日初升，繁荣昌盛，开创了中国金融史的新篇章。

（三）财东跪请雷掌柜

话说日升昌票号成立之后，二掌柜毛鸿翙业务精熟，而雷履泰则仍整日与富家子弟吃喝玩乐。毛鸿翙开始心里不平衡，忌妒大掌柜雷履泰，不服其管理，二人关系逐渐恶

"日升昌" 票号内景

化。

当时，恰逢少东家李箴视接掌李家家业，少不更事的李少东家与毛鸿翙私交甚笃，遂听从毛的建议，欲借故抢夺雷履泰手中的权力。于是借口让雷履泰回家养病，让雷交出手中所有职权。

雷履泰知道其中缘由，回家后便写信要撤回分庄。毛鸿翙没有能力控制局面，日升昌告急。

少东家李箴视无法，只得登门送银送酒，欲请雷履泰复出。雷不允，直到李将毛辞退并下跪认错，雷才收回成命。

而雷履泰复出后，也以与毛鸿翙的矛盾

为动力，苦心经营日升昌，使票号"汇通天下"，闻名于世。

（四）父子经商、各为其主

清光绪年间，精于票号业务的邢国藩，任蔚泰厚汉口分号经理。光绪十七年（公元1891年），他得知北京向广东拨京饷十三万两，于是捷足先登，转告蔚泰厚广州分号掌柜准备揽下这笔生意。

邢国藩之子邢嘉宾，年轻有为，出身于票号家庭的他自幼便精熟票号业务，时任百川通广州分号经理。同时，他也获得了这笔生意的信息。

百川通与蔚泰厚实力相当，且都与广东的巡抚大人交情不错。为了争到这笔生意，邢嘉宾父

"日升昌"票号旧址

子二人互通书信，都想说服对方退出竞争，可还是各为其主，互不相让。

最后，百川通争取到了这笔生意，百川通总号东掌柜为此事写信嘉奖了邢嘉宾。

父子相争，各为其主，当时在商界传为美谈，也为后世的职业经理人们树立了职业道德的榜样。

平遥古城城楼夜景

（五）明镜高悬——断伞

清康熙年间，平遥范村人宋忠原进平遥城寻医，因当时天气阴晴不定，从家里背了一把雨伞。

走到落邑村南，天上乌云密布，电闪雷鸣，眼看就要下雨了。这时，见一人从后面慌慌张张地跑了过来，原来是邻村的毋连迟也要去平遥城，因出门急没有带雨伞，正想要赶往前面找地方避雨。

过了一会儿，果然下起了大雨，宋忠原撑起雨伞与毋连迟同行。

二人在风雨中行走，谈笑间已行至高林村。宋忠原因风雨太大，撑伞耗费力气多，累得满头大汗，毋连迟于是接过宋忠原的伞，一直撑到了平遥城南门外孔家饭店。

这时风雨已过，天放晴了。宋忠原准备收起毋连迟拿在手中的伞。毋连迟却不还他，

平遥古城楼一角

反诬宋忠原要强行抢伞。

二人争执不下，引来不少围观的村民。围观者亦无法判断二人谁是谁非，不得已，只得一同前往平遥县署。

宋忠原击鼓鸣冤，知县王杰升堂。宋毋二人各持己见，都咬定伞是自己的。知县王杰犯难，无法判断。沉思片刻后，王知县把惊堂木一拍说："大胆刁民！竟然敢以这等小事来试探本官！都哄出去，退堂！"随即把伞撕得粉碎，掷下堂来。

二人从堂上下来，宋忠原泪流满面，毋连迟却幸灾乐祸，洋洋得意。

两人走到照壁南街，正欲各奔东西，四个衙役赶了过来，将二人重唤至县衙。二人刚进大堂跪下，知县王杰已做出判断，将伞判给了宋忠原，并定了毋连迟诬陷之罪，重责四十大板，罚钱十贯，赔宋忠原一把新雨伞。

事后，宋忠原给王知县送了一块匾额，上刻"明镜高悬"四个大字。"断伞"一案在民间传为美谈。

（六）平遥城隍爷金屋藏娇

在平遥城隍庙寝宫楼东梢间里，放置着一尊年轻漂亮的妇人像。据说，这尊像是平遥城隍爷的小妾。

关于这位小妾，在民间流传着一个生动的传说：

平遥城隍与介休城隍都年轻气盛。一次，二人在一起下棋，都对自己的棋艺自信满满，于是，二人以夫人为注，开始赌棋。

几番搏杀后，平遥城隍获胜，介休城隍只得双手奉上娇妻。平遥城隍将其带回，还特意为她营造一座小屋，金屋藏娇。

20世纪80年代以前，每逢城隍庙庙会，介休张兰镇还派人到平遥城隍庙举行一年一度的梳头仪式，以纪念这位被他们的城隍爷

平遥城隍殿

古城传说

输给了平遥城隍的娇美城隍夫人。

这个日常化的故事，使劳苦大众更加确信城隍神的存在。

（七）日升昌票号轶事：汇业经营，不欺童叟

清朝末期，平遥城里有一位沿街讨饭的老寡妇。有一天，她却拿着一张一万二千两的日升昌张家口分号汇票，到日升昌总号提取银两。

柜头看到签发时间在同治七年（公元1868年），与取款时间相隔了30多年，就向后厅的大掌柜请示。

二人把老人家让进了后厅，问清了汇

平遥古城票号内景

平遥古城

票来历。原来，老人家的丈夫早年在张家口
做皮货生意，同治七年，将所有家当兑换成
现银，在日升昌分号汇款一万二千两白银后
启程回乡，不料途中染重病身亡。尸体运回
家里，妻子哭得死去活来。丈夫唯一留下的，
就只有临死前托人转交的一件夹袄。没有积
蓄，也没有了男人的支撑，原本好端端的一
个家庭开始败落。

　　老人家好不容易靠行乞熬过来。一天，
这位早已沦为乞丐的老妇在丈夫留下的那件
越来越破旧也越来越薄的夹袄的衣角，摸到

了一块硬物，原以为是年月久了，棉花结了块，取出一看，却是一张日升昌汇票。

抱着试试看的心理，老人家来到日升昌兑取现银。柜头和大掌柜在认真查阅了数十年的账簿后，如数兑付了现银。

这件事之后，原本就生意红火的日升昌更是名声大振，汇兑、存放款业务一天比一天红火。

（八）王朝相弃儒经商

王朝相，著名商号长盛蔚的大财东兼大掌柜。

王朝相之父原本出身于书香世家。早

"日升昌"办公场所

平遥古城

年曾勤学求仕，但因天资所限，且家境较穷困，仅任过教谕之职，未能成大气候。

所谓"望子成龙"，他父亲给他取名"朝相"，把自己未能达成的愿望全都寄望于他身上，希望他有朝一日能官到宰相。可是王朝相却并不争气，几次乡试均名落孙山，于是索性弃儒经商。

他经商善于审时度势，算计得失，对物价的涨落判断得不差分毫，所以总能先人一步，占尽商机，40余年的经营中极少亏损。

他不仅经商有术，也十分重义。与人交易，讲求诚信为本，货真价实，公平交易，

"日升昌"票号

古城传说

"日升昌"票号内景

从来不坑骗合作伙伴和客人，因而培养了许多忠实顾客。

他因早年接受儒家思想的熏陶，在经商的时候也把儒家的义利观用于经营，并教育自己的子孙：经商与入仕，虽然所走的人生道路不同，但为人之道是相同的，经商的人，身处金钱和货利之场所，同样可修身养性，追求商业利润要取之有道，不可见利忘义，投机取巧；从政的人，应不求货利，不贪赃枉法，公正廉洁，才能扬名显身，功成名就。

王朝相一直信守自己的承诺，说到做到。以诚信为本，树立自己的商业品牌和地位，为今天经商的人们提供了很好的榜样，值得现代人学习。

（九）清虚观光绪皇帝问"道"测字

清虚观建于唐朝，在元、明、清期间一直香火旺盛。一直到现在，善男信女从者如云，香火不断，而慕名前来览胜者也是络绎不绝。清虚观中，曾留下了一段光绪帝问道的佳话。

光绪二十六年（公元1900年）闰八月，正值国家开始动荡，内忧外患使清朝当局焦头烂额。

这一年，光绪帝与慈禧太后西巡途中，宿于平遥。光绪帝微服私访，来到清虚观中，行至纯阳宫的月台，道长问道："施主可否问道？"光绪说："吾只测一字：山，你看甚意？"道长看到是"山"字，上下打量了一番，说道："山不见水，无根基，想必施主问

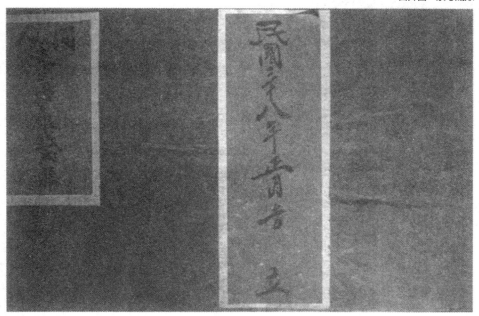

"日升昌"票号底账

平遥城隍殿壁画

城隍爷像

的是江山？"光绪佩服地点头说："甚是。"道长接着说："你问我，我问谁，满朝文武都是贼，若要江山保平安，除非日后贼杀贼。闰八月，天年不佳，国有大难，民有大祸，不过劫难将过，来年看好。"

光绪皇帝听后，心中有了一线希望，企盼日后有所转机。

自此，清虚道观问"道"以其准确而声名远播，来此游历者，皆前来问"道"测字。

（十）火烧城隍庙

在平遥，每年农历五月二十七至六月二十七是城隍庙的庙会期，当地居民都会举行盛大的庙会活动。

清咸丰九年（公元1859年）庙会期间，在集市上出现了一位白发银须的卖火烧(平遥人称饼子为火烧) 的老翁，这位老翁在集市一直大声叫喊着："卖火烧啦！卖火烧啦！"

可是不知道为什么，他的火烧实在是太小了，不及一般人卖的三分之一，所以叫卖了一天也没人去买。

一位好心的年轻人看到了，很诚心地对老翁说："大爷，你的火烧太小了，人

们都喜欢要大的。"

老翁告诉年轻人说:"今天是小火烧,明天就是大火烧。"

当天夜里,果然城隍庙内失火,除了后院寝宫之外的殿堂全部化为灰烬。这位年轻人回想起前一日老翁所言,才知是火神显灵了,提醒大家要防止城隍庙着火,可为时已晚。

从此,这段小故事便流传开来。

(十一)慈相寺驮碑神龟

慈相寺麓台塔的右前方有一只石龟,背上驮着一座高达一丈八尺的石碑,碑顶二指以下有一个拳头大小的圆洞。

平遥古城楼夜景

　　传说圆洞里原本有一颗宝珠，每到夜间，驮碑石龟便化身真龟，可以行走，所驮石碑通体透明，碑文清晰。石碑右侧下方刻着一行小字："离天二指有件宝"，因其日隐夜现，因此平时并未引起人们注意，就连寺内僧人也鲜有知晓，仅有方丈一人知其奥妙。

　　每当夜深人静，石龟身驮石碑，到寺后的婴涧河喝水，喝完后又返回原处。日复一日，偶有僧人遇见，便传了开来，人人尽知石龟驮碑的神奇，却不知其中就里，只道是石龟久居古刹，吸日月之精华，听高僧坐堂说法和众僧诵经，已得正果，乃千年得道神龟。

　　这天，寺内来了一位南方游方僧人，挂单住在

平遥古城建筑

寺内。游方僧人性情随和，精通佛理，每天和方丈讲道论禅，念经参佛，闲下来时又帮众僧人挑水劈柴、打扫禅院，甚是勤勉，深得寺内上下的喜欢。

游方僧在寺一住一月有余，与方丈、监事、知客以及杂役皆已熟悉，寺内便任其闲逛，不加管束。他常在驼碑石龟前驻足，凝思良久，一看半日。众僧以为他是在临研书法，并不在意，依然一日三课，朝夕相处如故。

一日，寺中早课，上下遍寻不见游方僧，也未见他到斋房用斋，众僧以为他是身体不适或因事外出，不以为意。直到夜间，值班

平遥古城集市

巡夜僧人发现石碑不再发光，慌忙报告方丈，方丈赶忙掌灯观看，只见石碑顶下二指处的宝珠不见踪影，留下了一个拳头大的圆洞。再回想起游方僧的失踪，方知宝珠已为游方僧盗走，悔恨没有识破盗宝贼，却为时已晚。

原来，盗宝之人曾以游客进香为名，早已看过石碑，知驮碑石龟定藏有宝物，但不明就里，深知一时不能解得其中奥妙，无法盗取。因此，回去后苦研佛经，骗取寺院度牒，假扮游方僧人来到慈相寺，骗得众僧信任后，仔细观察，苦究碑文，悟得碑上为天，碑下为地之隐语："离天二指有件宝"原是指离碑顶二指之处有颗宝珠。

平遥古城建筑上的雕刻

平遥古城街楼

双林寺山门

自夜明宝珠被盗之后，石碑失去往日的生机和透亮，石龟也再不能驮碑下河喝水了，从而成为了现在有个拳头大小圆洞的石龟驮碑。

（十二）睡姑姑和药婆

双林寺东北角有一座小祠堂叫"贞义祠"，祠中供着两个世间凡人的塑像，一个是躺在床上双目紧闭的少女，叫"睡姑姑"；一个是坐在旁边骨瘦如柴的老婆婆，叫"药婆婆"。

关于她们，有一个凄美的传说：

传说很久以前，桥头村有一户家境很好的人家，家中有老夫妻二人和膝下一女，一家人家财万贯，衣食无忧，过着和睦安康的日子。父母常带她去村里的大庙烧香，祈求菩萨保佑

全家平安，同时，对待乡邻，也是乐善好施，广积善缘。

然而天有不测风云，女子 16 岁那年，父母染重病相继去世。这个在父母的呵护下生活了 16 年的小女孩一时无法接受这个残酷的现实，每天都去父母坟前，向他们哭诉自己的思念。

从她家到坟地刚好路过村里的大庙，一日，上坟路过大庙时，回想起当日和父母一起进香的场景，不禁又泪水涟涟，不觉走入了寺庙。恰逢寺院住持派僧侣四处化缘，准备整修那年久失修的殿宇。女孩知道后，把家中所有的财产变卖了，全部捐给了寺院，

双林寺一景

想要广积功德，以求菩萨能开法眼，让父母回到自己的身边。

然而，人死不能复生，女孩的这一心愿最终还是没能实现。

后来，女孩染病卧床，无依无靠，也无钱治病。也许是神灵终为其虔诚所动，一位素不相识的老妇来到身边，每天给她做饭、煎药，不辞劳苦地侍奉她。

病好后，二人相依为命，一直到女孩去世，这一老妇也陪她坐化了。

人们为了纪念乐善好施的少女和不知来历的善良老妇，在寺院的东北角修了一座单间小祠堂，里面塑了她们的塑像，民间称"睡姑姑""药婆婆"。善男信女们每到寺中进香，都少不了到这个小殿来瞻仰。

三　古城特色

（一）民间工艺

1. 手工布鞋

"人老脚先衰，养生先养足"，可见古人对脚的重视，而手工布鞋在中国几千年的传统养生之道中，也发挥着它独到的功用。它最显著的特点是透气性好、吸汗性强，而且因为它具备良好的伸展性和适应性，使足部很容易适应周围的环境，增加舒适性，进而实现对人体从足部到身体的保养。

平遥的手工布鞋工艺传承至今，手工布鞋是平遥特色手工艺品之一。其中最有名的是猫头鞋，又名虎头鞋，它最能体现

平遥手工布鞋

中国传统的女红水平。鞋体似猫似虎，憨态可掬，既显吉祥富贵，又有避邪消灾之寓意。柔软的鞋体对小儿的足部也起到很好的保养作用。

2. 推光漆器

推光漆器是一种工艺性质的高级油漆器具，因其以手掌推出漆具的光泽而得名。平遥推光漆器更是其中的精品。

据记载，自唐代开元年间，平遥就开始制作推光漆器，到现在已经有 1200 多年的历史了。平遥推光漆器外观古朴雅致、色泽光亮，绘饰金碧辉煌，手感细腻滑润，质地坚硬，耐热防潮耐腐蚀，既具实用性，又有欣赏价值。

现有的推光漆器以高档屏风、挂屏等为主，底漆多以墨黑、霞红、杏黄、绿紫为主，上面绘有各类具有民族风格的图案，有描金彩绘、刀刻雕饰、镶嵌等多种加工方式，线条流畅，色调和谐，富丽堂皇。

平遥推光漆器的生产共有五道工序，分别是：木胎、灰胎、漆工、画工和镶嵌。每道工序都有其特有的作用和标准，不可或缺。

到现在，平遥推光漆器已先后获得全国工艺美术百花奖银奖、全国工艺美术百花奖金奖、世界博览会优质产品等荣誉，并远销 30 多个国家和地区，成为国内和国

平遥推光漆器

平遥古城

际市场的畅销艺术品。

（二）民间社火

1. 高跷

高跷是平遥的一大特色民间艺术表演。表演者用两根木棍制成跷腿，木棍上端处横装踏板，表演时演员的小腿绑在木棍上端，脚踏踩板，按各种舞步走动表演。跷腿的总长度一般在 6 尺上下，高者可达 1 丈 2 尺。

高跷表演技艺高超的，可脚踏高跷跳跃板凳、桌子等障碍物，或做出"跌八叉""金鸡独立""下软腰"等高难度动作。

平遥县北城村、干坑村高跷表演非常有

踩高跷是平遥民俗的一大特色

名，当地传统的表演项目有《白蛇传》《庆顶珠》《狐狸冤》《唐僧取经》等，新中国成立后，又加入革命宣传或是反映现实生活的表演项目，如：《红灯记》《智取威虎山》《送子参军》《计划生育》等。

2. 抬阁

顾名思义，分为"抬"和"阁"两部分。"阁"即将铁杆固定在抬杆上端，抬杆周围用莲花、彩云等各种道具装饰起来，再将三四个扮演各种戏剧人物和神话故事的男女小孩固定在铁杆上；"抬"即由成年男子抬起来，在行进中表演。

抬阁演的项目共有 50 余个，包括《孙

平遥民俗表演——抬阁

平遥古城

平遥民俗表演——竹马

悟空三打白骨精》《富贵图》《火焰驹》《断桥》《虹
霓关》《起解》《百花亭》《盗灵芝》《下河东》《拣柴》
《苏护送女》《双吊孝》《黄河阵》《祥麟镜》
《反棠邑》《狐狸缘》《凤仪亭》《血手印》等。

3. 竹马

"竹马"是一个很形象的名称，即用竹皮
或竹篾扎成马的形状，外面以绫纱裱糊，再进
行彩绘，使之形象生动。

竹马分为两截，分别固定在前胸、后腰。
表演时，身上再系若干个小铜铃，发出富有韵
律的声响。

竹马队一般由 14 名十二三岁左右的儿童扮
演，前面一个引导的叫马头，用戏剧表演中的

平遥民俗表演——节节高

拂尘指挥；后面一个是马尾；中间 12 匹马表现十二生肖，表演者手持马鞭，像骑着马奔跑一般。表演时伴之以节奏感很强的铃铛声，犹如万马奔腾。晚上，竹马身上放置若干灯烛，表演起来尤为好看。

竹马表演的项目有《蛇蜕皮》《翻身身》《双八调》《单八调》《剪子股》《八调调》《对竹马》《没头头》《三环套耳》等。

4. 节节高

顾名思义，就是人站在人上面表演。

从形式上看，它和杂技表演中的"背棍"有些相似，但它的实际表演难度比"背棍"更大。

站在人上的表演者多为7岁左右的儿童，打扮成各种戏剧人物，他们站在成人表演者的双肩上，没有任何绑系设施，全凭他们的双腿膝部靠在成人后脑部站立，表演危险系数很高。

下面的成年人伴随着音乐节奏，在行进中进行表演，站在肩上的孩童相应舞出各种动作，煞是好看，深得群众喜爱。

"节节高"的表演项目包括《西游记》《八仙过海》等。

5. 地秧歌

"地秧歌"的表演乐器有腰鼓两面、钹、钗各一副、锣两面、口刮四面，还可与其他乐器相配合，表演者可随乐器的增加而相应增加。

平遥民俗表演——地秧歌

表演时有舞有唱，可借景抒情，随题发挥。要求表演者思路敏捷，口才伶俐，以平遥方言即兴演唱吉祥而风趣的"四六句子"。句段之间，各种乐器齐响，铿锵悦耳。

腰鼓手是乐队的核心，表演时手舞足蹈，穿梭于队伍之中。其他乐手也要既表演乐器，又伴以舞蹈，形态自若。

地秧歌流传较广的传统表演项目有《观五京》《十盏灯》《王祥孝母》等。

6. 旱船

旱船用竹条、木条、彩绸编扎而成，四周再用绸缎围合，上面用木条、绸缎搭篷。

旱船表演时，以鼓乐伴奏，一人用彩带系船驾于肩上，假脚盘坐"船"中，扮演女子，似乘船状而行走。另一人扮船夫，持桨在船前划船。二人在行进中对唱。

旱船表演内容多为古代戏剧中与船有关的故事，如《打渔杀家》《许仙游湖》《秋江》等。

7. 龙灯

龙灯是用竹、木、布等材料制作成龙头、龙尾，再以竹圈制成若干节龙身，然后用布将长长的龙身连接起来，上绘龙麟、龙爪图案，由众表演者舞动表演的艺术节目。

平遥民俗表演——旱船

平遥民俗表演——舞龙

表演时，为首一人手举龙头撑起龙头的木杆，末尾一人持龙尾，其余表演者每人持一节龙身。龙头前面有一人持彩珠或火球等物戏龙引路，舞龙头者跟随，龙身随龙头走向和着吹打乐伴奏而翻滚起伏，蜿蜒摆动。

龙首、龙身内置有蜡烛，昼夜都可表演。夜间表演时，龙体内灯火通明，颇为壮观。

龙灯的表演节目有《二龙戏珠》《调四角》《八调调》《蛇蜕皮》《套明珠》等。

（三）美食

1. 碗脱

碗脱是一种主要用白面粉制作的小吃。它具有浓郁地方特色，是平遥县的一种传统风味小吃，是下酒的佳品。

它集凉粉与灌肠的优点于一身，既有凉粉的清爽利口，又有灌肠的浓烈香味，精而不腻，滑利爽心。

碗脱没有什么禁忌，老少皆宜，夏天时可以用于凉拌，冬天又可以煮热了吃，是人们极为喜爱的一种风味小吃。

平遥县城南堡的名厨董宣师傅于清光绪初年创出碗脱，至今已有 100 多年的历史。它的传统制作工艺代代相传，并不断有所改进。目

平遥牛肉远近闻名

前，以董宣师傅第四代传人董兴旺所制为最佳。

2. 牛肉

牛肉到处都有，平遥牛肉之所以能成为"地方特色"，是因为其制作工艺独特，色泽红润，绵香可口，有"肥而不腻，瘦而不柴"的特点。

平遥牛肉历史悠久，最早由何人所创已无从考证。据《平遥县志》载，平遥牛肉源于汉代，明代已负盛名。清朝先后在平遥城内开业的兴盛雷、自立成牛肉铺享有很高声誉，平遥牛肉就是继承兴盛雷、自立成传统风味而发扬光大。

3. 酥梨

平遥东南部是丘陵地区，海拔800—1000米，气候温和，光照充足，由于昼夜温差较大，果品养分积累较好，是晋中的"林果十强乡镇"之一。

近年来，平遥将先进的科学技术应用于果品种植，在果品生产中大力实施深翻扩穴，应用扩穴贮水、生物覆盖、人工授粉和铺反光膜、果品套袋等十几项科学技术，进一步提高了果品质量。

套袋酥梨就是在这一背景下产生的，它以表面光洁、个大丰满、多汁酥脆、营养丰富和无公害等几大特点，深得国内外消费者的喜爱。

平遥酥梨

豆腐脑

4. 豆腐脑

单说豆腐脑，当然算不上平遥特产，之所以称之为特产，是以其"打卤"见长：用各种秘制调料煮制成独具一格的卤汁，将铜锅架在笼圈套盒中，下置木炭火盆以保温。在售卖时，浇上铜锅里的粉条、黄豆、卤汁，然后将一勺脑豆腐盛入碗内，既保存了豆腐脑的鲜嫩可口，又有粉条、黄豆和卤汁的香气四溢，令人爱不释口。

平遥豆腐脑以其经济实惠、方便适口、风味独特的特点，历经数百年而不衰，至今仍深受广大群众喜爱。

5. 黄酒

平遥黄酒用纯糯米酿制而成，其香味浓郁醇厚，酒性温和，可谓"喝酒不伤身"，是一种妇孺老少皆宜的低度酒。同时，因其浓郁醇厚的香味，还是一种理想的烹饪料酒。

据科学检验报告，黄酒含有 18 种氨基酸，其中有 8 种是人体不能合成而又必需的。每升黄酒中赖氨酸的含量比葡萄酒和啤酒要高出数倍，为世界营养酒类中所罕见，因此有"液体蛋糕"之称。

经临床医学证明，黄酒还具有健脾、

益胃、舒筋、活血的功效。

6. 冠云熏鸡

冠云熏鸡属五香型烧烤肉制品。

现代出售的冠云熏鸡以经严格检验的白条鸡为原料，用名贵中药材经腌制、蒸煮、真空包装、灭菌等工艺加工精制而成，产品色泽金黄，口感鲜嫩，绵香可口，同时讲究造型，卖相非常好，且含有大量人体必备氨基酸，是高蛋白、低脂肪食品。

到平遥旅游，带上两只冠云熏鸡回去给亲友品尝是个不错的选择。

7. 冠云风味狗肉

"吃了狗肉暖烘烘,不用棉被可过冬",可见狗肉滋补气血、壮阴补肾、暖胃祛寒之功效。

现在的冠云风味狗肉选用经严格检疫的新鲜白条狗肉为原料,辅以多种名贵中药材,采用现代科技工艺精制而成,产品色泽红润、口感细腻、清香爽口,常食可使气血充沛、百脉沸腾。

8. 长山药

长山药,又名薯蓣、怀山药,是薯蓣科多年生宿根性草本植物。《神农本草经》上说:"薯蓣味甘温,主伤中,补虚羸,除寒热邪气,补中益气力,长肌肉。"是

长山药是一味上好的滋补药品

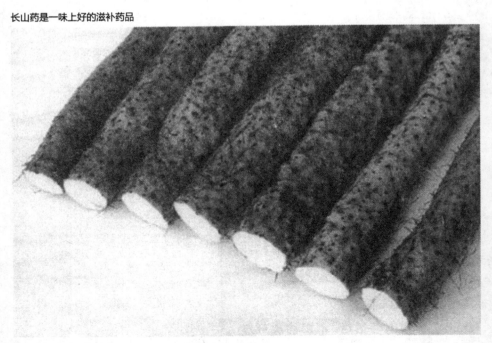

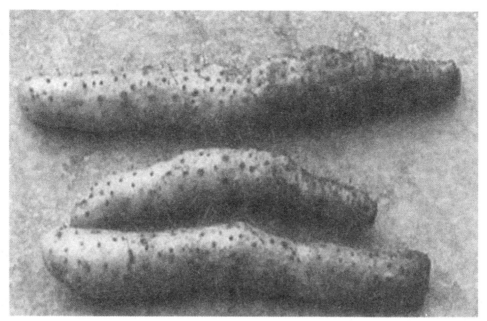

我国医学宝库中不可缺少的一味健身、健脾、养胃的滋补药品。

据科学检验，长山药中富含蛋白、淀粉及钙、镁、锌、铁等人体必需的微量元素。长山药既是药典佳品，又是纯天然、无公害、高营养的绿色食品。平遥长山药多年来出口日本、韩国和东南亚市场，被誉为"中国小人参"。不仅如此，它还可以起到人参起不到的作用。人参燥热，青年人不宜服用，但长山药却是老年人、青年人和少年儿童都可以服用的。在筵席上常见的拔丝山药、蜜饯山药等佳肴，更是独具特色。

平遥、太谷等县盛产长山药，每年可提供商品山药20万公斤左右。平遥县岳北村生产的

平遥古城寺庙

长山药，条粗条长，皮薄质细，在晋中一带很有名气。平遥长山药是与平遥牛肉、推光漆器齐名的土特名优产品之一，以种植历史悠久、品质优良而著称。

（四）节庆活动

1. 祭星

平遥有祭星的传统。

每年正月初八夜里，家家户户打面茶、做糕灯，在院内摆设供桌，祭祀值年岁君和满天星君。若有人经测算命星受岁星所克，要免灾除难，便同时祭祀本命星官。

2. 添仓日

添仓日又称"填仓日""天仓日"。

相传西汉时期，任职粮仓官的淳于衍为人正直，常为百姓谋利，却遭奸人陷害，判死刑入狱。后经其女儿冒死上诉，得以赦免。

淳于衍死后，后人为了表达对他的感激和怀念，把正月二十日和二十五日定为添仓节（正月二十小添仓，二十五老添仓）。

添仓节当日，家家户户用白面包红糖做成口袋或元宝形状的面饼，俗称"布袋袋"。入夜后，烧香设供，恭请添仓官，全家人大声喊"仓官爷，添仓来，粮食元宝添到咱房来。黑小子，赶车来，粮食元宝赶到俺房来"。

灶君庙

意在祈祷丰收，祈盼生活富裕。

3. 祭灶君

腊月二十三日，平遥有食粞瓜的习俗。

传说灶神要在这一天升天向玉帝汇报一年的情况，人们以粞瓜祭灶，意在为灶神送行，祈盼其"上天言好事，回宫降吉祥"。

4. 爆食

"爆食"就是"食爆米花"。腊月初一日，平遥家家户户都吃爆米花，取其祛百病之意，祈一年百病不生，身体强健。

四 古城景观

（一）平遥古城墙

平遥古城墙是"平遥三宝"之一

人称"平遥有三宝"，古城墙便是三宝中的第一宝。

平遥古城墙是山西境内现存历史较早、规模最大的一座古城墙，始建于西周（公元前 827—728 年）。其时，大将尹吉甫北伐俨狁，在平遥驻兵，夯土筑西北两面城垣。

明洪武三年（公元 1370 年），在原城墙的基础上重新修筑了城墙，由"九里十八步"扩为"十二里八分四厘"(6.4公里)，变夯土城垣为砖石城墙。明清两代 500 余年间，平遥城墙先后历经 20 多次修葺，日益坚固、壮观。

平遥城墙的平面图呈方形，整个平遥城似龟形。城墙周长 6162.7 米，墙高 6 至 10 米不等，墙顶宽 3 至 5 米不等，墙顶外筑 2 米高的挡马墙（垛口墙），内砌女儿墙，墙身以素土夯实，外包青砖。墙外筑护城壕，深、宽各 1 丈。共设 6 座城门，南北分别是龟头和龟尾，东西各有两座城门为四足。各城门外曾设有吊桥，四周各有角楼一座。四面墙体，每隔 60 米，筑观敌楼一座，整个墙上共有 72 座观敌楼。城墙上有垛口 3000 个，观敌楼 72 处，传说是按孔夫子

平遥古城墙是山西境内现存历史较早、规模最大的一座古城墙

的弟子 3000 人、贤人 72 个的数字修筑的。

此外，还在东城墙点将台上建了高真人庙，东南角城顶上有魁星楼和文昌阁。整个内城外廓，固若金汤！

平遥城墙，规模宏大，设计严谨，是研究中国古代城池建制的珍贵实物参考。

平遥城墙是国家重点文物保护单位，世界文化遗产——平遥古城的重要组成部分，是山西省十佳旅游景点之一。

（二）镇国寺

古城的第二宝位于平遥县城东北 12 公

古城景观

里的郝洞村，原名京城寺，明嘉靖十九年改为镇国寺。

寺院最早建于五代（公元 10 世纪），距今有一千多年的历史。从寺内碑文可知，元明利用隙地，前筑山门天王殿和左右钟鼓二楼，后建三佛楼和东西厢房，观音、地藏二殿，清雍正、乾隆年间重修东西两廊。该寺的万佛殿是五代时期最早建寺时留下来的，是中国目前排名第三位的古老木结构建筑。

镇国寺整座寺院坐北朝南，由两进院落组成，占地面积 10892 平方米，建筑面积 5000 多平方米。为了有利于僧人修行，

平遥镇国寺

平遥镇国寺一景

所以把寺庙修建在偏僻之地。它的第一大特点就是设有山门，而一般山门都有三个门，中间一个大门，常盖成殿堂形式，两旁各配有一个小门，因此又称之为"三门"，是为了象征三解脱门之意，即空门、无相门、无作门。佛教中认为入三解脱门，即可得到解脱。寺院的山门是佛界和俗界的交界处，三门并立，显示出佛门的神圣。

　　这里两边小门上的题词也显示出了这一点，分别为"崇虚""垂幽"，佛教中指真理的本体无所不在，但无形象可见，虚无即是有而若无，实而若虚之意；"幽"为幽静、幽闭，从字面理解意为幽静的环境，但其更深一层意思为毫

古城景观

平遥镇国寺彩塑

无杂念的学佛诚心，即"遁入空门"。

1965年，镇国寺被评为省级重点文物保护单位；1988年1月13日，被国务院评为全国重点文物保护单位，同年二月正式对外开放；1997年12月3日，平遥古城被列入《世界文化遗产名录》，在其界定的清单中，就包括了以建筑征服世人的镇国寺。

（三）平遥双林寺

古城第三宝——双林寺，位于平遥古

城西南 6 公里的桥头村，是一座历史悠久的佛寺。

寺中的唐槐、宋碑、明钟、彩塑以及古代建筑都是稀世珍宝，其中的彩塑艺术更使它被列入《世界文化遗产名录》之中。

双林寺原名"中都寺"，北宋时为纪念佛祖释迦牟尼的"双林入灭"之说，改为双林寺。

平遥双林寺彩塑

北齐武平二年（公元 571 年）寺院重建，历经多次修缮，现存建筑多为明代作品。

双林寺的整体布局坐北朝南，占地 15000 平方米，东为禅院、经房，暂未开放旅游。西为庙群，由各具风格的十座殿堂组成前后三进。

庙群中，唐槐、宋碑、明钟、壁画结合成一个有机的整体，令人叹为观止。1500 余尊雕像全部由木胎泥塑而成，外面的彩绘手法体现了我国自唐代以来的高超技法，每一尊都栩栩如生，是我国明塑中的佼佼者，被专家誉为"东方彩塑艺术宝库"。

双林寺彩塑题材是佛教内容，雕塑中有佛、菩萨、天王、神将，也有凡间各种世俗人物，神态各异，每一尊都极具特色和艺术价值。古代艺术大师们打破宗教的限制，把神秘的佛国人物赋予人的特性，达到一种形神兼备的境界。

其中菩萨殿千手观音仪态端庄典雅，慈祥的面容似乎能包容世间的一切，每支胳膊都圆润丰满，与身体的比例恰到好处，毫无生硬、做作之感，达到雕塑艺术中和谐、完美的境界；罗汉殿内"哑罗汉"嘴巴紧闭，怒目圆睁，凝视着世间的诸多不平，但又欲言不能，以致胸腹凹凸不平，似是呼吸急促，怒火中烧，把性格耿直的哑罗汉焦急而又无奈的形象生动形象地表现了出来；千佛殿"韦驮"像整个造型呈一条从头到脚贯穿于全身的S形曲线，腰部的

平遥双林寺哑罗汉彩塑

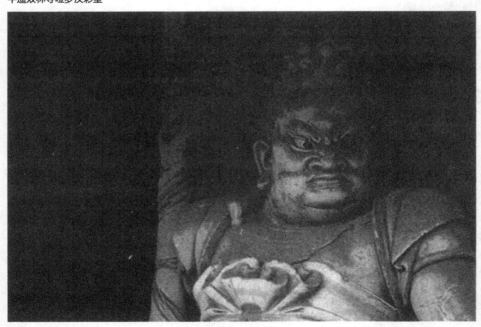

平遥古城

塑造非常夸张，为人体所不能，给人一种强大的力度和动态之感，却丝毫不显做作。中央美院雕塑家钱绍武先生观后曾题词双林寺韦驮像，此韦驮像雄健英武，可谓全国韦驮之冠。武圣殿正中有关羽坐像，至今仍悬而不倒。

双林寺于 1979 年正式对外开放，1988年公布为国家级重点文物保护单位，1997 年与平遥古城墙、镇国寺等主要景点一同被列入《世界遗产名录》，被联合国教科文组织称为"真正的、独一无二的珍宝"。

（四）慈相寺

慈相寺原名圣俱寺，位于平遥城东 7.5

平遥双林寺千佛殿

公里的冀郭村北面。

宋仁宗庆历年间，建麓台塔，皇祐三年（公元 1051 年）改名慈相寺。宋朝末年，寺院被焚，塔殿尽毁。金天会年间，在被焚的塔址上重新建塔，同时建殿、楼亭等十多座。后世几经翻建，现存除正殿与砖塔外，其余都是清代重建的建筑。

慈相寺坐北向南，在丘亘和樱涧河之间，占地 22427 平方米，周围山水环抱，蔚为壮观。

它前后共有三进院落，中轴线上自南向北分别是山门、戏台、前殿、正殿和麓台塔，钟鼓楼和廊窑分布东西。寺内现存

慈相寺大雄宝殿外景

碑碣 8 通，古柏 5 株，主建筑大雄宝殿 5 间，殿顶悬山式，用材硕大古朴，殿内现存"三身佛"坐像和壁画 100 余平方米，都是金代遗物，具有极高的艺术价值。

麓台塔为九层楼阁式砖塔，高 48.2 米，平面为八角形。塔座南为抱厦门，四周共有窑洞 16 孔。塔身二至七层建有斗拱，八、九层为素面，塔顶呈莲瓣形，塔刹现在已经被毁。塔为空心结构，有楼板、木梯可以上塔，每层南北面都开有明窗。

寺内存有宋庆历六年（公元 1046 年）间的《大宋西河郡圣俱寺麓台山碑》，书法艺术极为高超，是研究书法艺术的珍贵资料。

2001 年 6 月 25 日，慈相寺经国务院批准被列入第五批全国重点文物保护单位。

（五）平遥文庙

平遥文庙始建于唐贞观初年，坐落在平遥城内东南角。

平遥文庙的大成殿在 1957 年地震后县政府揭瓦维修时，发现殿脊梁下记有"维大金大定三年岁次癸未四月日辛酉重建"的墨迹，可见其自金大定三年（公元 1163 年）重建后，至今保存完好。它是全国文庙中仅存的金代建筑，是我国现存各级文庙中最古

平遥文庙石刻

古城景观

老的殿宇。

文庙原称孔庙，本是春秋时期儒教创始人孔子的家庙。自唐玄宗封孔子为"文宣王"以后，孔庙改称"文宣王庙"，明代因与武庙（关帝庙）对应，改称"文庙"。

据《新唐书·礼乐五》记载："武德二年，始诏国子学立周公、孔子庙……（贞观）四年，诏州、县学皆作孔子庙。"开元二十七年（公元739年），朝廷又对孔子的尊号、孔庙规格、祭子礼制、配飨者名单等制定了统一的标准，它把全国各县按人口、赋税、物产、地理位置等分为"赤、畿、望、紧、上、中、下"七个等级，并诏令全国各州县依制隆重奉祀，尊孔崇儒达到极致。

唐代平遥属"望"，即第三等，平遥孔庙为按此等级标准所建。此后，平遥文庙历经三次迁移。

据清光绪八年（公元1882年）的《平遥县志》记载：明朝崇祯九年（公元1636年），平遥知县王凝命上任祭拜孔庙后，因文庙隔街背对"太子寺"，太子为君，而孔子虽为圣人，却也是臣僚，臣庙应居于君寺之后，便强令互换，文庙改做太子寺，

平遥文庙香火

平遥古城

而太子寺变为文庙。其实，太子寺得名因佛祖释迦牟尼出家前是古印度迦毗罗卫国的王太子，和儒家的文庙风马牛不相及，而孔子的高徒，进士出身的王知县却如此无知。平遥士绅们虽明知其荒唐，却不敢出声争论，其可笑程度，与"指鹿为马"不相上下。

据《平遥县志·学校志》记载："荒诞鄙俚最为不经，侮圣亵贤，不知其意之所在，相沿数十年，生儒抱恨不能更定。至康熙十四年知县柏乡魏裔恁至，询得其由，按图考察，慨然兴作，详具各宪，仍以故寺为

平遥文庙影壁

平遥文庙一景

寺，而建新庙于旧所，阖邑称快。"可见，至清康熙十四年（公元 1675 年），知县魏裔愫重将文庙与太子寺对调，平遥文庙所遭遇的千古笑谈才算告一段落。

但在明万历三十七年（公元 1609 年）的《汾州府志》中，平遥文庙的变迁似乎又另有其因："平遥县儒学，旧在县治东。嘉靖八年（公元 1529 年），巡按穆公准呈，以前太子寺更之。"又据清乾隆三十六年(公元 1771 年)《汾州府志》记载："崇祯九年，知县王凝命，复以文庙与太子寺互更。国朝康熙十四年，知县魏裔愫，按嘉靖八年以后移改。"这些记载表明，在明嘉靖

平遥文庙一景

八年前，现在文庙址上的建筑本来就是佛教
的太子寺，而其北面的太子寺，才是最早的
平遥文庙旧址。从现存的金大定三年重修的
大成殿来看，也印证了这一观点，大成殿确
是佛教殿宇的形式，后墙上现存的后壁中门
檩及门形，也是佛教寺院的"中殿"格式。

这两种观点哪一种正确现在无从断定，
但有一点是确定的：平遥文庙在历史的长河
中，经历了多次迁移。

平遥文庙一直是县学所在，直到清光绪
末年废除科举后，县学停办，又改为"平遥
县实业学校"。到 1923 年，平遥的生意人
捐款在文庙兴办"平遥励志中学校"，县长

平遥文庙大成殿

郭学谦亲自题写了校名门额，后来该校改为官办平遥中学校，迁址到察院街。1950年，太岳中学同平遥中学合并，校址又设在文庙，学校的建筑基本保持原貌，只拆除了棂星门、西学、省畜所。后在20世纪50年代末修建平遥中学教学楼时，拆除了超山书院、敬一亭和尊经阁。

1997年，平遥文庙被列为全国重点文物保护单位，经有关部门决定，平遥中学于2003年全部迁至东城外新校址，文庙得以重新复原，成为平遥古城的主要文物旅游景点之一，2004年正式向游人开放。

（六）金庄文庙

金庄文庙始建于元延祐二年（公元1315年），位于平遥城东5公里处的岳壁乡金庄村西。

金庄文庙在明万历、清乾隆、嘉庆、民国年间经多次扩建和修缮。

它坐北向南，占地面积为1840平方米，现存总建筑面积500多平方米。庙内现存明伦堂、状元桥、东西讲学堂、大成殿、东西配殿、泮池、神库等15座古建筑。

文庙的大成殿是清嘉庆七年（公元1802年）所建，面宽三间，进深三椽，单檐硬山顶，带前廊。大成殿内现存孔子及"四配""十哲"彩绘泥塑像15尊，其中的孔子塑像是元代作品，工艺精致，色彩如初，保存完好。它是我国现存最古老的孔子像，是研究儒家思想及元代彩塑艺术的珍贵实物资料。

南神庙一景

（七）南神庙

南神庙又名耶输神祠，坐落在平遥城以南1公里的干坑村，老百姓因其居县城之南，俗称其为"南神庙"，至清代初期，南神庙成为该寺的定称。

关于南神庙的始建年代，已无从考证，但最晚也应在唐代中期。

南神庙在众多神庙中独具特色，首先因为它是一座以佛教为主，兼设道教、俗神殿堂的综合性宗教场所，在明嘉靖四十一年（公元1562年）进行修整时，当时的"玘意人"（经理人）有平遥县衙道会司道会武真人、道士郭教碧、郭寅秀、秦寅云、吕全清、郭正途、陈道云等，同时平遥陶同村观音堂的僧人真月也在其列，说明当时的南神庙由道教掌管，但也有佛教僧人掺杂其中；而明清两代其他多次修整时，则全部是由僧人执掌，而其他教派掺杂其中。

平遥寺庙内的彩塑

　　由此可见，在平遥，人们的宗教信仰都是因当时的实际需要而进行自行选择的，像这种集儒、释、道诸教及俗神信仰于一处且能兼容并包的供奉方式，是平遥历史上宗教文化的一大奇观，在全国实属罕见。

　　南神庙的另一大特色，就是正院东庑旁边，有一座独特的王妃墓冢和一座经幢。王妃墓冢基台用砖砌成，上面建有一个琉璃罩，类似平遥民间出殡用的棺罩，此类墓冢在国内也属独一无二。

（八）普照寺

　　普照寺坐落在平遥城西北杜家庄乡东

凤落村之西，初建年代已无从考证。

普照寺占地面积约 2000 平方米，坐北朝南，三进院。

在山门门洞两侧屋内南壁各有一个圆形窗孔，像一双龙眼；山门两侧有钟鼓楼各一座，像是龙的双角；从山门往后，中轴线上有关圣殿、东岳殿、送子娘娘殿，整体起伏，如龙翔九天。而在山门对面有一座乐楼，此楼两侧有斜向前方的对称影壁，似凤凰展翅欲飞。龙凤相对起舞，所以当地老百姓把普照寺的格局称为"龙凤呈祥"。此格局生动地反映了汉民族对"龙"的崇拜。

在普照寺的殿宇中，有大量的壁画，基本都是乾隆五十六年（公元 1791 年）和嘉庆二年（公元 1797 年）的作品。

和南神庙一样，普照寺诸教兼容。

（九）平遥县衙

我国尚存的古代衙署不多，有直隶总督署、南阳府衙、霍州署、内乡县衙等，平遥县衙是其中保存最为完好的一座。

"自古衙门向南开"，位于平遥城内西南部政府街（旧称衙门街）的平遥县衙也是坐北朝南。

县衙南北中轴线长 200 余米，占地面积

平遥县衙博物馆

古城景观

26600 多平方米。它始建于北魏,据旧县志载,自元代起,明清两朝都曾对县衙进行过大规模的扩建和改建,现在保存的基本形制是元明清扩改后的格局。保存下来的最早的建筑建于元至正六年,距今已有 600 多年的历史。

衙门外东边有风水楼,南边有照壁,衙门内沿中轴线自南而北依次为大门、仪门、牌坊、六部房、大堂、宅门、二堂和内宅。中轴线的东西两侧有土地祠、戏台、粮厅、督捕厅和牢狱。整个建筑群结构合理,主从有序,错落有致,符合封建朝廷官府衙门前朝后寝的格局特点。

平遥县署大门

平遥古城

县衙东南侧有一座两进院落的土地祠，是供奉"土地爷"的地方。明朝初年，吏治非常严格，地方官员贪赃白银60两就要被砍头剥皮，这座土地祠就曾关押过地方贪官，而且还有贪官在这里被行刑。

　　县衙的主要建筑上均有楹联，县衙大门楹柱上的对联是"莫寻仇莫负气莫听教唆到此地费心费力费钱就胜人终累己，要酌理要揆情要度时世做这官不勤不清不慎易造孽难欺天"。既劝百姓息事宁人，多一事不如少一事，得饶人处且饶人，少进衙门，又在提醒官员断案要审时度势、合情合理，出于公心，为民做主，否则造孽欺天。

亲民堂

平遥县衙大堂

大门正对面的照壁上绘有一只叫"獬豸"的怪兽，传说此图可以避邪，但同时也是在警告官员不得贪赃枉法。

大门东侧是一面喊冤大鼓，用于民众告状时击打。西侧是申明亭，主要用于正式起诉前进行纠纷调解，若调解无效，非告不可，则由衙门专人在此代写状子。

大堂也叫公堂、正堂，又称亲民堂，是知县举行重大典礼、审理重大案件以及迎送上级官员的地方，它是整个县衙最主要的建筑物。大堂台基高于地面2尺有余，使整个大堂显得雄伟壮观。大堂有副楹联："吃百姓之饭穿百姓之衣莫道百姓可欺自己也是百姓，得一官不荣失一官不辱勿说一官无用地方全靠一官。"在封建社会，土地、赋役、户籍、诉讼等国家政务，最终都是通过地方来进行处理的。县官虽然只是"芝麻官"，官衔不过正七品，但却可以震慑一方，当地土地、户籍、赋税教育完全由县太爷一人定夺，吏、户、礼、兵、刑、工等六大部门完全在其掌控之下，所以称"父母官"，正是"地方全靠一官"。

正因如此，知县的人品直接关系到百姓的生存和一方安定，在平遥县衙历代知

县的任用制度中，不难看出明清两代的统治者对知县任用的重视：本省的人不得在本省做官，亲属关系不得在同一地区为官，本省人做官必须远离本省500里之外，而亲属也不得在500里之内为官；如遇到上述情况，后到者先行回避；每一任知县的任用期限为三年，期满不准久留，即使百姓称颂，政绩突出的青天大老爷，也只能再延期任用一年，期满后不得再续。

二堂是处理一般民事的地方，也是知县办公期间临时休息和幕僚商议政事的地方，因此，二堂在明代叫退思堂，也叫思补堂。

平遥城隍庙

二堂楹联"与百姓有缘才到此地，期寸心无愧不负斯民"。所谓"三年清知府，十万雪花银"，这些楹联虽只是封建官员们为表自己的清白而撰写的溢美之词，但对民心稳定还是有一定的作用。

内堂亦称内宅，是知县宿居、读书和平时办公的地方，有些涉密案件或不宜公开案件也在此审理。

（十）平遥城隍庙

平遥城隍庙初建年代失考，现存建筑为清代所筑。

咸丰九年（公元 1859 年）城隍庙会，

平遥城隍庙前的香炉

精美的平遥雕刻

古城景观

平遥城隍庙戏台

城隍庙不慎失火，除寝宫外，庙内殿宇、廊庑以及财神庙全部化为灰烬。清同治三年（公元 1864 年），县令王佩钰自捐俸银，并召集乡绅、富商进行募捐，重新修筑城隍庙，现存平遥城隍庙主体即是此次所建。

该庙布局规整，规模宏大，总占地面积 7302 平方米。庙区由城隍庙、财神庙、灶君庙以及真武楼等建筑构成。

整个建筑群坐北朝南，前后共有四进院落，轴线上由南向北分别是牌楼、山门、戏楼、献殿、城隍殿、寝宫，错落有致，独具一格。其总体布局既有寺庙建筑特色，同时，因其为县令主导捐建，又与"前朝后寝"的衙门结构功能分区有颇多相似，为寺庙类建筑所少见。

城隍庙有游廊、官厅、东西廊庑等附属建筑，它们纵深相连，贯穿为一体，与高大、威严的主体建筑相辅相成，形成一种严密、封闭的建筑氛围，体现了阴世、阳间轮回转动的宗教思想。

平遥城隍庙的琉璃屋檐

和南神庙、普照寺相似，城隍庙的总体布局也体现了多位神灵同处一寺的地方特色。由山门进去，经过前院，灶君庙和财神庙分别在城隍殿的东西两侧，左右互通、庙宇相连，组合成"庙中庙"，形成一幅"诸神共居一庙，联袂同受香火"的奇特景致。

城隍庙最大的特色是独特的建筑结构与琉璃艺术。整个庙区内，殿宇、廊庑、楼阁、坊台形式多样，结构精妙，城隍戏台的重檐回廊和财神庙乐楼的八封藻井都是运用罕见的古建筑法，而各座殿宇屋顶的琉璃，以蓝、绿为主，用黄色相间，营造出的青冷色调和神秘意境，更让人拍案惊奇。其仙人、走兽、龙吻背刹，造型精美，色泽历久不变，可以说是清代琉璃工艺的杰出典范。

（十一）中国商会博物馆

中国商会博物馆是以中国商会历史变迁

为主线、以商会管理文化为中心、以为工商各界人士提供交流平台为纽带的综合性民营博物馆，馆名为全国工商联主席经叔平亲笔题写。馆内设有联谊会、研究室、购物休闲等附属机构。

晋商在中国近现代史上占有重要地位，而平遥是晋商文化的发祥地之一，明清时期一度成为全国商业金融中心。在平遥设立中国商会博物馆，有利于充分展现中国商会的变更历史，具有重大意义。

商会是随着中国早期资本主义商品经济的萌芽在商人行会、会馆等基础上产生的，是商人之间的交流平台，也是商人与

中国商会博物馆

平遥古城

政府、与社会之间的协调机构。早期商会的职能相当于现在的经贸、工商、财政、税务、质检、物价等，是清末民初全国最具影响力的经济性组织和最有生命力的新兴社会团体之一，它在中国市场经济的孕育过程中起到了不可磨灭的作用。

中国商会博物馆馆藏文物

商会是中国工商业进步的必然产物，其前身有会馆、公所等形式，在其运作过程中，积累了大量的工商管理经验和文化。中国商会博物馆的1—4展室以翔实的资料展示了会馆、公所的功能和作用。

中国近代史专家章开沅先生说："研究晚清以来的中国历史，如果忽略了商会史的研究，则将成为一个重大的缺失，值得庆幸的是，商会史的研究已经吸引了越来越多的中外学者的注意。"中国商会博物馆有天津、厦门商会历史档案汇编，还有广州、沈阳商会史志、苏州商会个案研究、中国商会整体研究，有对商会研究的阶段性评述、对商会今后研究的建议规划等众多研究成果，这些研究成果对商会产生的历史背景、性质、特征、职能等形成了较为一致的观点。它为工商组织建设及企业家规范提供了宝贵的经验。

华北第一镖局

中国商会博物馆的图腾屏用红木镂空雕刻"双龙携福（蝠）"图案，两边各有一条龙，两龙之间以蝙蝠相接，取"福"字谐音，意为"双龙携福"，图内有龙、凤、麒麟、乌龟，寓意"龙凤呈祥、麒麟送宝、富贵长在"，也体现了成立商会的初衷。

（十二）华北第一镖局博物馆

华北第一镖局博物馆坐落在平遥古城东大街路南 22 号，全馆总面积 1000 余平方米。

该馆由前、中、后、楼院四个部分组成，有六个展室和两个展区，充分而真实地再

现了清代乾隆以来我国镖局业的独特风貌。

镖局作为我国早期保险业、运输业的金融业和的合体，随着明清商业贸易的发展而发展，其职能主要是为工商贸易客户运送大宗现银及货物。

华北第一镖局，指的是道光年间由王正清、戴二间、左二把成立于平遥、祁县、文水等地的"同兴公""太汾""昌隆"三大镖局。

王、戴、左三人不仅武艺高强，而且颇有武德，在当时威名扬于大河上下。他们开设镖局，或运送现银，或押运货物，为当时

华北第一镖局内景

的商业贸易实行现银结算提供了有力的支撑，因而一度兴旺发达，其鼎盛期为清末国内形势混乱之时。

后来，随着票号诞生，镖局业务锐减。进入民国，各类军警武装押运出现，镖局相继衰败，陆续退出历史舞台。

平遥古城是明清商业金融的发祥地之一，其间的镖局事业及其相关文化，无疑是晋商及晋商文化的重要组成部分。同时，因其行业特殊性，武术人物及相关文化贯穿其中，更增添了几分神秘。

华北第一镖局博物馆详细介绍了神枪王正清、铁腿左二把、形意拳名家戴二闾三位镖师生平事迹，展示了三位镖师所在镖局的资料，同时介绍了中华保镖行业的发展历史和华北形意拳、长拳等武术门派的发展史及相关资料，趣味十足。

该馆也注重观赏性和游客的互动参与。馆内后院辟有练武场，常有当代武术爱好者在此练习，还设有习练场地，供游客边浏览边习艺。

现在，华北第一镖局博物馆已成为平遥古城内著名的游览胜地之一。

（十三）中国镖局

中国镖局是明末清初镖局的旧址，坐落在平遥古城南大街 61 号。

它主要介绍中国镖局发展史，以及明清时期的十大镖局、十大镖师和走镖过程中的趣闻轶事，并研究展示形意拳、长拳、弹腿、长枪等武术门派的发展。

华北第一镖局内景

在镖局诞生以前，因商业发展的需要，官员、商人及货物要从一地护送至另一地时，便请武艺高强之人护送。逐渐，这类武艺高强之人以此为职业，并传授自家子弟，形成镖户。同时，作为此职业的支撑，各地也出现了为镖户提供必备用品及歇脚的车马店。

镖户走镖属私人行为，受地域及声望限制明显。期间有部分武艺高强又有一定声望的镖户逐步壮大，就与车马店联合起来，到政府进行注册，正式形成镖局。

明清时期，全国镖局有 36 家之多，山西、河北、天津、上海、苏州等地镖局活跃，而以北京开设的镖局为最多。在 200 多年的发展过程中，涌现出最具特色、最有影响的十大镖局。

中国镖局展出当时镖局和镖师所用之物，如镖箱、镖车、轿车、兵器和生活用具如烟具、烟桌、家具、书画、瓷器、木器等，并介绍镖师的生活习惯和江湖行规，为研究中国镖局行业的历史提供了许多重要的实物资料，颇具研究价值。

（十四）同兴公镖局

同兴公镖局为平遥南良庄人王正清创建于清咸丰五年（公元 1855 年），坐落在平遥古城南大街 105 号。

王正清与祁县戴龙邦、文水李毓秀并称"华北三杰"，三人私交甚笃。河南嵩山少林寺曾为王正清刻碑，载入武林史。

其子王树茂，尽得其真传，青出于蓝而胜于蓝。同兴公镖局自创立起，就成为当时全国著名镖局之一。据说，当年慈禧

同兴公镖局

平遥古城

太后曾赏赐"奉旨议叙"匾额一块，至今仍挂在王家旧址上。

同兴公镖局展馆是明代建筑，布局规整，气势恢弘，且建筑结构精良。展馆用"概述""平遥武术源流""镖师王氏父子""同公兴镖局""镖局文化的影响"五大部分对清代咸丰年间直至民国初年期间同兴公镖局创办、发展及歇业的全过程，以及武林镖局方面的知识进行了全面系统的介绍。各展室内图文并茂，与镖局相关的文物达万件以上。

置身馆中，既可感受到平遥古城浓厚的历史文化，又可了解到镖局存在的经济价值、社会价值和历史价值，还可以领略到镖局文化的博大璀璨。

（十五）天吉祥博物馆

天吉祥博物馆

天吉祥博物馆由平遥城第一家洋货庄——长盛蔚洋货庄商号改造而成，坐落在平遥古城南大街北口路东 20 号。

长盛蔚洋货庄几经变更而来：最初，它叫长盛庆商号，后变成长盛裕商号，清光绪二十二年（公元 1896 年），平遥商人任宝灵和薛兆瑞合伙投资 12 万两白银，将长盛裕商号变成长盛蔚洋货庄，至民国八年（公元 1919 年）歇业。

长盛蔚洋货庄虽然只存在了 23 年，但它对平遥商界以及我国对外贸易产生过巨大的影响。它的分庄分布在京、津、沪、汉、归化等地，极盛时在莫斯科和恰克图都设有分庄，是清末民初一家极具影响的跨国大商号。

1996 年，崔长明先生斥巨资购入长盛蔚洋货庄，开设博物馆，名"天吉祥"，使之成为平遥古城一处重要的文化资源。

博物馆完整地复原了清末民初平遥商家的生活场景，收藏了长盛蔚鼎盛时期的传家珍宝。我国著名书法大家徐文达老先生也曾为天吉祥题写馆名。

天吉祥博物馆为明代建筑，在平遥古城保存完好的3797处古民居大院建筑群中，它是最古老的民居建筑之一，也是平遥古城最有特色的民居大院之一。

天吉祥博物馆藏品——木雕九龙壁

天吉祥大院建筑风格独特，布局严谨，是传统的前店后居形式商家大院。临街铺面六开间，较其他五开间铺面多出一间，进深二进院，院内自然也较其他商号大院敞阔许多。在前后院之间有主楼，主楼前带抱厦厅，后院带闺阁楼。它是研究我国北方地区明清古商铺建筑不可多得的一处完整实物标本。

天吉祥博物馆藏品丰富，分为7馆14室，以不同历史时期的家具、瓷器、书画、绣品为主。现珍藏有三件宝物：一是木雕九龙壁，二是犀牛望月镜，三是青铜大佛像。其中木雕九龙壁以密度极高的优质黄杨木以单面深浮雕的手法雕刻而成，是清朝乾隆年间的作品，距今250多年，所雕九龙每条都栩栩如生，极其罕见。

此外，这里还珍藏了众多明清时期的紫檀木、红木、花梨木家具及各类珍贵瓷器；保存着许多古代名家字画和佛道两家经典图画，其中包括徐悲鸿大师的《双马图》、刘墉的书法条联、黄慎的条联等珍贵作品。

天吉祥博物馆自开馆以来，吸引了众多名家前来参观，如郑孝燮、贾春旺、马季等。另有慕名前来游玩的国内外游客无数。

（十六）雷履泰故居

雷履泰是中国票号业的创始人，中国第一家票号日升昌的首任掌柜。

雷履泰旧居位于平遥城内上西门街 11 号，建于道光年间，距今已有 180 多年的历史。

整个建筑坐北向南，由两主院、两跨院组成，里高外低，讲究的是"前低后高，世出英豪"，从建筑科学的角度来看，有

雷履泰故居

平遥古城

利于采光和排水，是极具代表性的传统住宅群体。

因平遥民俗中对院中种树十分忌讳，认为那意味着房主受"困"，所以，整座院子里面、种花、种草，不种树。

主院为轿杆式前后二进院，台基甚高，增强了主院宏大的感觉。山墙顶部有砖雕鱼图案，中厅为双坡硬山瓦顶房。

雷履泰故居木雕

里院正房面阔三间，附有前廊，下面是窑洞，在窑洞上用木材建造楼房，房顶为双坡硬山瓦顶，雀替、挂落装修完整。前后两院左右各有三间厢房，相互对称。

整座庭院造型雄伟，用料十分讲究，工艺朴素，坚固耐用，充分反映了雷履泰作为中国第一家票号创始人的大气和务实精神。

（十七）日升昌

日升昌票号是我国第一家票号，专营存款、放款和汇兑业务，是现代银行的前身。

日升昌总号坐落于"大清金融第一街"——平遥古城西大街的繁华地段，占地1604平方米，受面积限制，其结构相对紧凑，但功能划分合理。它的重大意义不在于建筑，而在于其历史价值：在这座小院里，雷履泰带领着日升昌的伙计们，开创了中国银行业

"日升昌" 票号

的先河，并在 19 世纪一度操纵着整个清王朝的经济命脉。

清道光三年（公元 1823 年），由平遥西达蒲村李大全投资白银 30 万两，与掌柜雷履泰共同创立日升昌。在雷履泰的经营下，日升昌形成了一整套极具现代意义的管理制度，分号遍布全国大中城市和商业重镇，多达 35 家，鼎盛时期，其分号远及欧美和东南亚，年汇兑白银 100 万两到 3800 万两，自创建起，累计利润达白银 1500 万两。它是真正的"百年老字号"，经营 108 年，以"汇通天下"闻名于世。

因为有日升昌票号的成功榜样，介休、太谷、祁县等地的商人们竞相效仿，一时间，票号遍地开花，极大地促进了国内资本的运转，加快了金融流通，为当时民族工商业的发展提供了极有力的支撑。

在日升昌的旧址上，1995 年开始大规模开发整修，现在已成立了中国票号博物馆，在以日升昌整套经营管理体系、丰富的珍贵资料及实物作典型展示的同时，还搜集、整理、收藏和展出了大量历史资料，对中国票号业兴衰史作了全面而形象的反映，堪称过去一百多年里中国金融业的史诗。虽然它不是现代金融业的摩天大楼，但我们可以从日升昌看到当代银行的影子，领略到中华民族的智慧，追寻一个时代进步的脚步，体味一种与现代的改革开放有颇多相似的锐意改革的精神。

日升昌票号旧址于 1995 年被山西省人民政府列为省级重点文物保护单位。

（十八）蔚泰厚票号博物馆

在中国票号业历史上，出现了以团队整体作战的"蔚"字五联号：蔚泰厚、蔚丰厚、蔚盛长、天成亨和新泰厚，它类似于今天的家族"集团"模式，主东同属三晋首富介休

"蔚泰厚"票号博物馆

北贾侯姓，"总裁"由蔚泰厚的掌柜，当时年富力强且颇有宏图大略的中国票号创始人之一的毛鸿翙担任。

五联号成立不久，便得到飞速发展，五家的分号加起来从十几家迅速扩张到百余家，遍布国内近70个城市，本银从30余万两白银增加到近140万两，营业额由开始800万两增加到后期的上亿两，稳固地占据汇业界霸主地位。它是金融史上强强联合的成功案例，充分体现了"集团化"发展的优势所在。

"五联号"之一的蔚泰厚票号坐落在平遥古城清代金融第一街——西大街路南，

"蔚泰厚"票号一景

平遥古城

与日升昌票号博物馆毗邻。

它建于清道光六年（公元 1826 年），占地面积 1300 余平方米，为传统三进式店铺院落，古色古香。共有砖木结构房屋 40 间，楼厅兼备。

现在蔚泰厚票号的原址上开发了博物馆，共分谋略、经营、人物三大展区，18 个展室。它广泛征集了"蔚"字五联号的大量史料和实物，以大量史实，充分运用多种展示手法，真实形象地再现了清末民初平遥票号在金融市场上的辉煌，也展示了当年票号之间的激烈竞争以及各家票号掌柜之间以智相拼的情景。

（十九）蔚盛长博物馆

蔚盛长票号原为绸缎庄，清道光六年（公

蔚盛长记

元1826年）改营票号，1916年歇业。它是中国第二大票号——"蔚"字五联号的成员之一，在中国票号发展史上占有极其重要的地位。

蔚盛长票号作为五联号重要成员之一，与其他四号有相似之处，但其经营更为有方，歇业时，其他四号皆无盈余可言，而它的东家们却都还有充裕收益，非其余四号可比。

蔚盛长票号是介休北贾村的侯荫昌和平遥普洞村王培南及几户小股东集资创办的，经理是汾阳人郭存祀。若从创建绸缎庄算起，蔚盛长字号已有200多年的历史，比中国第一家票号日升昌还要早90多年。

它的业务范围包括汇兑官款、存款业务、贷款业务，首任掌柜是中国十大名掌之一的毛鸿翙。票号先后在全国各地开设27个分号，相传1900年，光绪皇帝来到平遥，曾在蔚盛长票号休息，并在此提取醇亲王汇来的银子。

蔚盛长是当代"以人为本""创办企业大学"企业的范例，历任执事均十分重视人才选拔、培养和使用。平遥盛传"八秀才住票行——改邪归正"的民谚即出于此号。

在王作梅执事期间，票号不惜财力，从票号的年轻人中选拔贤能举荐考取功名，然后，又吸收其回号继续工作，后来在金融业颇有建树的范椿年就是其中的典型。

范椿年自幼入号学徒，后在东家支持下考取秀才，水平大有进步，却不入仕，又重回票号执事，业绩优异。票号歇业后，被请到广西银行任要职。之后又回到平遥，任商会会长，不久又被聘到中央银行成都西安分行领事，在商业银行的经营上颇有研究。

现在的蔚盛长已经改成了博物馆，它坐西朝东，一进院，占地面积约 260 平方米，占地虽小，但风貌端庄大方，布局严谨。有房屋 16 间，铺面临街，面阔 3 间，进深 2 间，是典型的清代二进二楼四合斗院，至今保存完好，是研究清代古院落的考古标本。

馆藏有近千件珍贵文物：有百葫芦宝榻，有珍贵的明清瓷器，有宋朝徽宗皇帝的传世珍品"松鹰图"，有大学士何执中、明代书画家文征明、清代宰相刘罗锅的亲笔题跋，明代江南第一才子唐伯虎的墨宝，有傅山的"梅兰竹菊"四君子画，有大学士李鸿章的书法，有研究票号和近代金融业的珍贵史料票据、账本、信件等，还展示有龙袍、皇冠和光绪皇帝相片。

相较而言，李鸿章为蔚盛长票号主人题写的"生意之道"更应为世人所珍惜："生意之道唯以用人，最要勿求全、勿责备、勿以托情迁就，勿以资格限制，勿以喜怒则进退、勿以恶善则取舍，要引道有方赏罚分明，而人心鼓舞，则人心倍出矣。续序商情十要：做事要勤、辩事要慎、谋事要密、虑事要周、处事要公、断事要决、交人要择、与人要和、于目要明、道路要宽，此则生意重要之道也。"

（二十）协同庆

"蔚盛长"票号藏品丰富，十分珍贵

平遥古城

协同庆票号创立于咸丰六年（公元1856年），分号达33个，遍布全国，重点在西北、西南，民国三年歇业。

"蔚盛长"票号内景

它位于平遥南大街，财东是榆次聂店王家和平遥县王智村米家，最初本银仅36000两，在当时开票号最少的本银也有十几万两，而协同庆"以区区万金，崛起于咸丰末叶"，全是因为人的因素，其数任经理各有所长，优势互补，是平遥票号中最有力的领导团队：孟鸿仁统筹全局，知人善任；陈平远出身于日升昌，精通业务；刘庆和心地平和，老成持重；赵德溥深谋远虑，办事果敢；张治达豁达大度，深得人心；雷其澍恪守敬业，任劳任怨；温绍宗信义为本，交结广泛……著名票号商李宏龄评价说："得人独胜者，厥唯协同庆一业。"

协同庆是平遥古城规模最大的票号建筑，前后共有相互独立又相互联系的七进院落，规模庞大，建筑宏伟，讲究豪华，功能齐全，在平遥票号院落中都是首屈一指的。其人文意义同样重要：在这个知识爆炸、信息爆炸的时代，人们可以来这里回顾一下人才的重要性。

（二十一）古民居博览苑

协同庆钱庄博物馆

平遥古民居博览苑以"蔚丰厚"票号旧址改造而成，位于古城西大街18号。

博览苑院面阔五间，由南北两套院串连而成。南院坐北朝南，大门开在深巷之中，由"一主两跨"和一个后院组成，属标准的民居性四合院；而北院则刚好相反，它坐南朝北，大门临街，是典型的商号经营性四合院。南院和北院之间有一条狭窄的过道，将二者连通起来。整个建筑布局特殊，建造精良，其墙之高，让人走在其中着实能体会一把"大宅门"的风范。

博览苑很能代表平遥民宅的特色。平遥民宅以严谨的四合院为主，有明显的轴线，沿中轴方向由几套院落组成，左右对称，主次分明，常见的有"日"字形二进院和"目"字型三进院。大门对面一般建有影壁，或用砖雕，或以琉璃瓦镶成各种吉祥图案。正房一般为三间或五间砖结构的砖窑，墙面厚实，冬暖夏凉；左右厢房为木结构单坡瓦顶，坡向内院。因其形似元宝，故称"元宝院"。

（二十二）明清一条街

平遥古城由四大街、八小街、七十二条蚰蜒巷构成了它独特的街巷格局，纵横交错，井然有序，且主次分明，如龟背上条块分明的龟甲一般。它以南大街为贯通南北的轴线，以古城最高建筑市楼为轴心，形成"左祖右社""左文右武""文武相遥""上下有序"的对称布局。

南大街是平遥城最有名的街道，自古以来就是平遥城最繁华的商业中心，因其街道两侧的店铺都是具有明清时代风格的建筑，又称明清街。

明清街750多米长的古街上，包罗票号、钱庄、当铺、药铺、肉铺、烟店、杂货铺、绸缎庄等几乎当时所有的商业行当，汇集大大小小古店铺达100多个，每个稍大点的门

平遥古城明清一条街

古城景观

庭前的花岗岩门槛上，几乎都有被驮货驮钱的马车压出来的两道深深的车轮印，由此可见平遥曾经的辉煌。

明清街是省级重点文物保护单位，不仅因为街两旁那历经数百年仍保存完好的古建筑，也因为它折射出了古城昔日的光彩，养育出了一大批推动中国商业发展的英才。

行走于明清一条街，便会深深理解联合国科教文组织对平遥的那句评述："中国古都，是把历史浓缩为宫殿，而古城平遥，是把历史溶解于民居。"

（二十三）古市楼

古市楼位于平遥城南大街正中。楼东南脚

平遥古城明清一条街汇集古店铺达百余个

平遥古城

下有一眼水井，相传"井内水色如金"，故市楼又名"金井楼"，为平遥古城十二景之一。

市楼始建年代已无从考究，重修于清康熙二十七年（公元 1688 年）。后于乾隆、嘉庆、同治、光绪、宣统历经多次修缮。

市楼占地 133.4 平方米，高 18.5 米，平面呈方形，为三重檐木结构楼。是城内唯一的楼阁式高层装点性质建筑，楼下现存清代石碑 11 块，楼上存铁钟一口，年代不详。

市楼底层面阔进深各 3 间，南北向为通道，东西建有砖石台基，四个角都立有通柱，外包砖墙。

第二层为楼板装修，并吊天花板，建有神

平遥古市楼

龛供奉菩萨，南向供奉武圣人关羽，北向供奉观音菩萨。屋顶装天花板。

楼顶是彩色琉璃瓦，南面为双喜字，北面为寿字，精美无比。

一直以来，市楼与古城墙是一个不可分割的整体，它们是平遥古城的象征。登上市楼，凭栏远眺，古城秀色尽收眼底，似是光阴倒流了二百年，已置身于那古老而神秘的年代，让人流连忘返。

山西平遥，这只是一座小城，却拥有着丰富的文化内涵，见证了中国 2800 余年的历史变迁。它是我国晋商及其文化的根。它拥有中国最完整的古老城墙及几千座明、清古院落。它历经沧桑却依然深具魅力。

平遥古城